AF617543

SOBREVIVIR A LA IDEA DE QUITARSE LA VIDA

Prevención del suicidio en primera persona

Txepetxa

Primera edición: junio, 2024

Título original: Sobrevivir a la idea de quitarse la vida. Prevención del suicidio en primera persona

Autor: Txepetxa

Edición: Carolina Hoyas

ISBN: 978-84-128748-6-0

Rapitbook Editorial
www.rapitbook.com

Impresión y encuadernación: Impresrapit
www.impresrapit.com

Impreso en España - *Printed in Spain*

A mi hermana, Áurea,
y a mi madre, Begoña.

ÍNDICE

PRÓLOGO

ESTAS LETRAS NO TIENEN LA RESPUESTA a ninguno de tus problemas, porque es imposible abarcar todos los problemas de todas las personas de este complejo mundo.

Son solo reflexiones desordenadas de un experto en un sufrimiento psíquico, ni mayor ni menor que el tuyo, que le ha llevado a intentar quitarse la vida dos veces, y que solo espera que compartiendo sus impresiones, en su Siberia interior, pueda encontrar dentro de sí un fuego que caliente, un sol en mitad del invierno.

Cada una intenta resolver su sudoku personal para transitar este mundo dignamente, sin que las heridas supurantes le impidan vivir. Quizá, pueda sembrar nuestro laberinto particular con unas migas de pan que nos den pistas. Quizá, no.

Cuando leas aquí algo parecido a un consejo piensa que me lo dirijo yo a mí mismo. Esto no es un libro de autoyuda ni pretende convencer a nadie, es un simple desahogo.

Si no lees estas notas, tu vida continuará igual. Si las lees, puede que tampoco cambie nada.

Sin embargo, hermana/o naúfraga/o, lo que te puedo asegurar es que te sentirás menos solitaria/o, porque quizá encuentres cosas comunes a ti.

LA CASA QUE ME HABITA

Está vacía.

Después de mil preocupaciones y sustos, ya no alberga nada. Es un erial donde antes crecieron cardos, ortigas y alguna flor. Se han cerrado puertas y ventanas a emociones y sentimientos. Y todos quieren derribar la puerta tapiada. Esto es la depresión para mí.

Supongo que no soy el único que haya podido sentir algo parecido, en alguna ocasión, con otras palabras o con jirones de rabia reprimida. Es como un repentino descanso en la lucha atroz por la vida, tu cabeza ha dicho basta. A mí me pasó y casi nadie me comprendía, me encontré en soledad ante una retahíla de ánimos y obligaciones que pretendían ayudarme.

Mi voluntad estaba anulada, nada me importaba. No le deseo a nadie no ser dueño de su centro rector, de sus pensamientos, de sus sentimientos y sus emociones. Pero, ¿existe alguien que pueda decir que jamás ha perdido el control? Yo también lo dudo.

Si aceptamos que las sociedades son construcciones mentales a partir de hechos históricos en un territorio determinado, aceptaremos también que las emociones comunes a nuestra familia y amigos son los ladrillos que dan forma a la casa de nuestros sentimientos, tan cambiantes e incontrolables como la historia de la especie humana. Es lo que el filósofo y psiquiatra, C. G. Jung, llamó inconsciente colectivo, ese río de lava interior que recorre las profundidades de nuestra mente y que, en determinadas ocasiones, erupciona y se lleva todo por delante, la vida incluida.

QUIEN NO MAMA, SÍ LLORA

Dar es tan egoísta como recibir. Lo saben quiénes se sienten bien ofreciendo su tiempo, su cariño o su poco dinero para personas o causas perdidas. Dar para recibir una mirada de agradecimiento y sentirte bien contigo mismo es una maravillosa sensación que no tiene precio aunque no te permita lujos ni derroches.

Pero, ¿qué pasa cuando la persona perdida soy yo mismo?

Cuando siento que las ganas de vivir se desangran, dejándome como un trapo viejo esperando ser tirado a la basura. No sirven de nada los ánimos bienintencionados de familiares, amigos o conocidos. Y así, cuando todos ellos se sienten inútiles y no comprenden los sentimientos de la persona a la que quieren ayudar, se alejan definitivamente. Lo dan por un caso perdido y se liberan de la carga que supone tratar a una persona que no agradece su ayuda, su saludo. Quizá, no comprendan que si ni siquiera su madre es capaz de sacarle de ese vórtice autodestructivo, poco efecto pueden tener sus palabras de aliento ¿o puede que sí?

¿Y si de buenas a primeras, esa persona desechada les cuenta su vida, sus desgracias, lo oscuro que lo ve todo? Entonces, pueden sentirse abrumados, superados por esa confesión que no saben cómo acompañar. Y justo aquí está la clave: acompañar, escuchar, no juzgar ni obligar.

Porque el afectado procesa todavía los buenos ojos sobre su boca dolorida vomitando dolor y sufrimiento, entiende que la atención de la otra persona ha sido autentica. Y encuentra un pequeño oasis.

CARIÑO, NO TE ASUSTES: ¡ESTOY LOCO!

Mama, no quiero hacerte sufrir, pero tus recomendaciones, tu desesperación, tu llanto, no me ayudan. ¿Debo ser yo, vacío como estoy, quien te consuele?

Aparte de que no existe la familia perfecta, sino la que intenta evitar los sufrimientos extra que trae esta vida de serie, ¿puede ser la propia familia la causante del sufrimiento? Lo único cierto es la confusión ante el malestar que parece no tener razón de existir.

La locura no debería matar. En cambio, te hace vivir en carne abierta la herida social por la que supura tu alma inadaptada. La sociedad es imperfecta y llena de luchas internas ¿por qué no deberías tener derecho a ser un reflejo de las fallas de la misma?

Me impusieron un diagnóstico, como un balón de rugby que debía defender sin tener ningún equipo detrás que me apoyara ante los portazos que se suceden en cuanto corre la voz entre el vecindario.

No obstante, fue y es un error "fardar" de sufrimiento psíquico, pues me pusieron la marca y ya no se fiaron de mí. El mundo es demasiado grande para intentar hacerle pagar por tu sufrimiento, mejor unirte a quien lo entiende o a quien lo comprende y está dispuesto a ayudar acompañando.

El estigma sobre la frente, será la medalla al partido perdido. Y puede que tengas suerte en el reparto de etiquetas, de medallas deshonrosas. Quizá, varios artistas de moda decidan confesar que tienen la misma marca candente que tú, y puede que te sientas menos solo, consolado. Vana esperanza, clavo ardiente.

He comprobado cuánta alegría da la desgracia ajena, el sentirse más fuerte que el desgraciado de turno, como si a ellos no les pudiera tocar. Vana esperanza, último clavo ardiente.

DOBLE FILO

Tal vez necesité comprender qué me estaba ocurriendo. No debí creerme a pies juntillas las descripciones de todos y cada uno de los síntomas que debía sentir por arrastrar el diagnóstico de unos médicos que necesitan clasificarte para no sentirse, sí ellos también, tan perdidos en los laberintos de la mente. Al fin y al cabo, las leyes del universo y las del cerebro son todavía desconocidas a estas alturas del siglo XXI. Un poco de humildad.

No debí somatizar los sufrimientos descritos en un libro médico que intenta simplificar una persona, adecuar toda su realidad a unas pocas palabras hirientes por ser crípticas y frías. Así fue fácil caer en el autoestigma que me obligó a comportarme con la locura que se espera de mí.

No debí buscar la comprensión total ni siquiera en quien tiene el mismo diagnóstico. Son pocas las personas que se ajustan perfectamente a una descripción psiquiátrica y menos las que pueden comprender en su totalidad a otra persona. Es inútil esperarlo. Por eso los psiquiatras establecen cada vez más etiquetas y grados de gravedad, cada vez intentan acotar más, abarcar más, para extender cada vez más su imposible grado de predicción. Haría falta una novela de 1000 páginas para describir cada sufrimiento personal, y aun así no se conseguiría reflejarlo. Luego, intenté no ajustarme ni dar la razón a ese diagnóstico que no solo no me definía, sino que puede despistar a quienes lo oigan. Ahora, si me preguntaran cual es mi mal no lo definiría con la etiqueta o diagnóstico médico. Si hay verdadero interés en conocerme pediría unas horas (ante un millón de cafés) para intentar explicar de qué va mi sufrimiento. No castraría la atención intentando describir con una palabreja médica cual es todo mi ser. Yo tengo, tú tienes mayor complejidad. Ni siquiera debo dar opción con esta típica respuesta: ¿qué quieres la respuesta corta o la larga? Pues escogerán la corta.

LA HUERTA VOLADORA

Comer patatas cocidas y dormir en el suelo donde crecen. Hortalizas de sonrisas de tierra húmeda. Legumbres de Sol radiante. Verduras de sirimiri espeso. Garbanzos de austeridad suficiente. Flores de momentos de felicidad. Es suficiente.

No debí buscar debajo de mi piel, marcada como la tierra por el arado, una culpa que no me pertenece, pues es solo una construcción social y cultural de un sistema imperante, que intenta dictarme quien soy yo, quien debo ser.

En definitiva, no creo en estar loco en un mundo loco. Eso, solo me convertiría en una persona normal que intenta adaptarse a la sinrazón.

Ocupaciones diversas para que las plantas crezcan y den pequeñas y grandes satisfacciones. Por pequeña o grande que sea mi aportación, a mi medida, a mi ritmo, sin preocuparme de si la planta no prospera pese a mis cuidados, sin fijarme en quien alcanza metas mayores. Todo en la Naturaleza necesita su tiempo.

Recuerdo que la cumbre que añoran algunos suele ser un sitio solitario y frío. Mejor un sitio pequeño y acogedor, donde el desgarro encuentre descanso, donde crezca la esperanza minuto a minuto, sobre el compost de mis residuos sentipensantes convertidos en un abono nuevo donde germine una semilla buena.

Incluso en la ciudad más inhabitable, una mala hierba busca la luz saliendo entre el asfalto gris. Todos los días ocurren esos pequeños milagros. ¿Por qué no juntarme con otros para plantar un huerto urbano? Enterrar la semilla de una flor, una hierba aromática, una patata, es plantar utopía palpable.

LA ÚNICA SALIDA SIN VUELTA ATRÁS

Lo sabemos mientras seguimos dando cabezazos al muro de nuestro vacío. Sabemos que, mientras nos arrastramos en esta vida, hay una posibilidad de encontrar un paraíso bajo el asfalto de la calle que nos espanta pisar. Sabemos que el sufrimiento es demasiado grande para llevarlo en soledad en una noche que dura décadas. Sabemos que lo más fácil es abandonar una vida que no comprendemos, que no nos comprende.

¿Y si solo es necesario comprender una sola cosa? Mi sola persona. ¿Y si la solución a tanto sufrimiento es deshacer un nudo dentro de mí?¿Y si el final del camino es seguir descubriéndome en cada esquina doblada, en cada paso? Buscar puede ser una tarea interminable en tiempo y espacio, encontrar, quizá, una salida provisional, un pequeño regalo que merece el esfuerzo.

Porque después de la muerte, ya no teclearé más el siguiente amanecer, como los leves picotazos del gorrión sobre el pan desmenuzado por mis manos, ni pisaré mis pasos en el extraño baile favorito, ni recordaré el flan de huevo materno. Tampoco podré cabrearme, ni soñar con aportar una pequeña mejora a este planeta que nos acoge, quizá indiferente a nuestro sufrimiento, pero nuestro. Nuestra única casa en el universo, el planeta que nos han alquilado para ser legado a las siguientes generaciones.

Con la muerte, doy por terminada mi función en la orquesta local y mundial, quizá siendo como ese canario de la mina que agoniza ante algo que va mal. No hace falta llegar a la representación final de nuestro sufrimiento para que nos comprendan. Pues es muy difícil que alguien nos comprenda totalmente. Me esperan personas que escucharán mi dolor y con las que inventaré chistes malos sobre mi padecer. Y esa vez, la despedida será la promesa de un nuevo reencuentro, sin tomar el único tren que no tiene vuelta.

¿FOR-QUÉ LO HICISTE, VERÓNICA?

Fuiste una constatación de que la cumbre es un lugar solitario y frio, de que vivir para captar la atención y situarte en el centro de las críticas, puede pasarte una gran factura.

No cuesta, aunque no se llegue a comprender su magnitud, pensar el sufrimiento de una vieja mariposa que sólo quería abanicar sus alas por última vez, resucitando su juventud intacta en lo profundo de una cabecita que nunca dejó de ser frágil, generosa. Y someterse a la maquinaría mediática, al jurado inmisericorde que es patrocinador de su propia escuela descuartizadora, y al público, al que se arrojan las vísceras para que vuelva a por más ración.

En el siguiente *share* bajará el índice de su exigua paciencia y cobrará el cadáver con la inevitable maquinación de una compasión fingida para que su pareja y sus vástagos no les vean como una fiera que puede devorarlos al menor despiste, a la mínima transgresión de las leyes del padre catódico. Y todos se regodearon en los escabrosos detalles del final.

Por muchas corazas de millones de formas y colores que adoptemos, todas las personas nos enfrentamos a la complejidad de una maquinaria en la que debemos encajar siendo una pieza que no chirríe demasiado.

Y el sistema se convierte y nos convierte en una picadora de carne inmisericorde. No formar parte del espectáculo es la única salvación.

¿TODO POR CONSTRUIR UNA MARCA PERSONAL?

Si creo estar representando una marca personal de la que quiero vivir, debo establecer unos cortafuegos para que los *haters* no quemen mi esencia. Si quiero ser el inevitable y machacón comercial de mis ideas y creaciones, de mi postura-coraza, de mi cierre filosófico, y llega la oportunidad de desvelarme ante los focos y los objetivos-subjetivos de las cámaras,...y me entrego al monstruo de la fama: intentaré dejar un resquicio a la duda y no practicar el nudismo total en una playa textil que se reserva tapar sus vergüenzas para reírse de mis defectos, esos que otros cubren para no sentirse inferiores, vulnerables.

Pronto caeré en la evidencia del peligro de dejarse devorar por la jauría *hater*, esa que siendo vacía se comporta como un agujero negro de todas las estrellas que brillan con luz propia.

Aunque nos cueste creerlo existieron tiempos no muy lejanos, previos a que existieran los móviles que nos permiten acceder a todo (lo bueno y lo malo). Sin embargo, siendo un nativo digital, que no ha conocido otra realidad que el mundo virtual, donde se construyen y destruyen todas las relaciones personales, costará escapar a ese torbellino de mensajes cortos, videos y audios que, quizá, creamos que es todo nuestro mundo aunque solo sea una construcción temporal de una cultura que pretende alejarte de lo real, de lo natural.

Llegará un momento en que las generaciones de nativos digitales sean, por fin, padres. ¿Les costará a ellos también desenredarse de la telaraña de datos?¿Serán capaces de criar hijos sanos, sometiéndoles desde el principio a la dictadura del algoritmo?¿Por qué los empresarios que están detrás de las redes sociales, donde todos somos el producto que se vende y se compra, impiden a sus hijos acceder a ellas?

SUFRIMIENTO AL CUADRADO

No comprendo por qué los familiares y amigos de una persona suicida aceptan el calificativo de supervivientes. Comprendo el sufrimiento aumentado por la culpa de quien cree que pudo hacer algo más ante la pérdida de un ser querido. Pero, arrogarse la etiqueta de superviviente, al menos, lleva a confusión: porque terminarán preguntándoles si también han intentado suicidarse. Tiene incluso un poso de arrogancia ante quien fue débil y se fue para siempre, ante quien murió para que alguien se intitule superviviente. Es injusto, impostor, vulgar.

En todo el asunto del suicidio, solo hay un superviviente *sensu stricto*: quien intenta quitarse la vida y fracasa.

¿Es lo mismo haber asistido al suicidio de un familiar próximo, y luego intentar sin conseguirlo marcharse también de este mundo ejerciendo la violencia contra el propio cuerpo?¿Qué decir de quien ha sobrevivido al intento de terminar con su propia vida y, después, asiste a la muerte auto infligida de un ser querido?

Como siempre, las reglas matemáticas no funcionan en esta materia, y el orden de los factores, sí altera el producto. No es lo mismo haber intentado suicidarse y que luego lo culmine un familiar, que haber asistido a este acto y luego te veas abocada a ese final. No me voy a extender en explicaciones que cualquiera con un mínimo de sensibilidad puede colegir. Lo único que diré es que el sufrimiento al cuadrado se acumula y si no se descarga el peso acumulado termina por romper la espalda más fornida.

¿Cómo descargar el peso del sufrimiento? Cada persona encuentra su camino, más o menos trillado, solitario o profundo. Si es capaz de vivir con ese peso suplementario, puede que su experiencia sea de ayuda a otras personas que no pueden soportarlo. Me gustaría que ese fuera mi caso.

TENDRÉ UN MIEDO INTENSO, ATROZ

Sobre el miedo lo sé casi todo, lo he experimentado en las situaciones más diversas e insospechadas y me ha provocado muchos problemas. Sólo te puedo decir que, en alguna ocasión, lo he mirado de frente, he encontrado sus causas primarias y he llegado a dominarlo quitándole importancia, haciéndome su amigo. Y, finalmente, jugando con él, como quien juega con fuego, también me he llegado a quemar.

Lo peor puede venir cuando el poder imperante decide inocular en la sociedad ese miedo para enfrentar a diferentes sensibilidades ideológicas y conseguir que luchen entre ellas con la única pretensión de conservar o alcanzar el poder. Y de este mal ni siquiera las más avanzadas democracias pueden huir. Son los egoísmos nacionales de todo tipo, nichos de miedos coagulados que solo necesitan una idea zombi para resurgir con su cara más violenta: el autoritarismo, el militarismo y el genocidio. Café para todos. Paranoia, para todos.

A nivel personal, haberme enfrentado a episodios de miedo intenso, me confirma si he sido tan valiente como para superarlo. Cuanto más grande sea el miedo que se supere, más valiente se es, ésta que parece una regla de tres infalible tampoco funciona en la selva de sentimientos y emociones en la que nos movemos en muchas ocasiones. Quizá, lo peor sea tener miedo al miedo sin detenernos a explorar cuál es su origen, su función primaria y por qué, a veces, nos aferramos a él.

Como emoción básica, tiene su utilidad para preservar la vida. Lo sé, porque cuando perdí el control sobre él, pudo llevarme a actos autodestructivos, pudo llevarme a hacer daño a otra persona. A acabar solo ante mi miedo.

PROFECÍAS AUTOCUMPLIDAS

Casi todo el mundo es esclavo de su mundo interior, y de ciertas ideas (racionales o no) que nos llevan a querer adivinar un futuro que, íntimamente, queremos ver cumplido aunque sea negativo para nosotros, simplemente porque eso nos da la sensación de que tenemos cierto dominio, o capacidad de decisión sobre nuestro destino.

El destino sería algo mágico a lo que nos vemos abocados por fuerzas externas y superiores que quieren escribir nuestro final y nuestro recorrido por la vida. Por eso acudimos a quienes saben cuál es nuestro destino, y una vez dictaminado, nos acoplamos a él para que se cumpla. Sí, es una trampa mental de la que se aprovechan quienes quieren dirigir nuestra vida como un estrecho camino del que no se pueda salir. Pero, también pueden ser trampas de cosecha propia.

En mi caso, mi experiencia me ha confirmado que tengo cierta debilidad o labilidad mental que me hace perder la confianza en mí mismo y necesito aferrarme a un guion vital. Estos dictámenes sobre el futuro pueden tener su origen en un sueño o en una correlación de ideas más o menos conscientes que producidas por mi mente, yo esté interesado en adoptar para tener ese guion vital al que seguir, aunque sea provisionalmente.

La profecía es un subproducto del miedo al futuro y la inseguridad de la vida que nos incomoda, puede cumplirse o no, pero seguramente condicionará nuestra vida. Verbalizar, deconstruir, racionalizar y quitar valor a esa profecía (si tengo la suerte de ser consciente de ella) es un ejercicio que puede hacerme más libre, otra cosa es que quiera tener un guion vital que me descargue de responsabilidad porque tengo baja autoestima, miedo a la libertad y a sujetar las riendas de mi vida.

PERDER LOS AMIGOS

La amistad se valora mucho más cuando se pierde y me quedo en soledad con mis fantasmas. Por otra parte, quien haya sufrido la traición de un amigo, tendrá una herida difícil de curar. Pero, ¿quién se merece el calificativo de amigo?¿Soy yo un buen amigo?

Lo real es que cuando empiezan los problemas, los amigos de mentira ahuecan el ala y solo quedan los verdaderos o, más extremo todavía, un único amigo que puede que sea yo mismo. Sí, tengo que asegurarme de ser mi mejor amigo, y eso no es tan fácil como parece, sobre todo si tengo la autoestima por los suelos y la cabeza volando.

Muchas veces se oye: "Si tu amigo se tira al rio, tú vas detrás de él", esto que puede ser verdad y, en algún caso, un acto de altruismo y valentía para salvar de un peligro a un amigo; nos enfrenta a arriesgar la vida por otra persona. ¿Y si esa persona fuera totalmente desconocida, no deberíamos hacer lo mismo?¿O sólo lo haríamos por el amigo de toda la vida?

En cualquier caso, perder las amistades es un trance doloroso que, a veces, impulsamos nosotros mismos por creernos indignos de la amistad de otros, como último acto de amor. Tales pueden ser los daños en nuestra capacidad de amar, en nuestra autoestima que descuidemos las amistades, e incluso decidamos descargarles del peso de ser nuestros amigos porque no nos creemos dignos de la amistad de nadie. Hasta tal punto llegan a ser los daños que cualquier estigma, convertido en autoestigma, incluido el de las enfermedades mentales, pueden provocar en nuestra vida afectiva.

Desde estas líneas, me dirijo a todos los amigos perdidos y descuidados por la desgana, la culpa o creer que así les beneficiaba más. Espero que puedan comprender que no llamarles era un acto de amistad suicida.

ESTRÉS ES CUATRO

Por lo menos, dos adversidades por día...Esta es la dosis mínima por habitar el entrópico planeta Tierra. Todo tiende al desorden.

Efectivamente, todo tiende al caos que tiene sus propias leyes, y ahí estamos todos nosotros luchando para mantener cierta coherencia en nuestra vida..., hasta que se rompe. El abatimiento subsiguiente a no haber soportado la carga de tareas en una sociedad acelerada y llena de ruido es lo más normal, al fin y al cabo, nuestro cuerpo y nuestra mente tienen un límite natural.

Ya sabemos que hay algunos que soportan mejor que otros las exigencias y los reveses de la vida. Aunque ellos sufran también, sacan fuerzas de flaqueza para no verse comparados y rebajados a la altura de esos "deshechos" vitales que pueblan por la noche los cajeros automáticos. Así funciona la sociedad de nuestros días: algunos tiene que caer hasta lo más bajo, para que los que están en lo alto, obliguen a la masa intermedia a esforzarse por unos salarios de miseria, a que el penúltimo luche contra el último para beneficio de muy pocos allá arriba.

Pero, aquí tampoco funcionan las matemáticas: en el escalón más bajo puede haber más dignidad humana que en la cumbre más alta. Una persona que no haya soportado el ritmo de los algoritmos (hechos a imagen y semejanza de quienes los financian), puede tener las claves de una sociedad más sana y sostenible, más cuidadosa y plena. Una persona sensible es la medida última, el canario de la mina que indica que algo va a explotar en la ciudad superpoblada mientras los pueblos abandonados agonizan en paz.

¿Depende de nosotros seguir asfaltados, chapoteando en una ciénaga inhumana; o escapar y hacer unos largos en una cala solitaria, escalar una pequeña cumbre, regar una planta?

¿POR QUÉ YA NO SOY UNA PELOTA DE GOMA?

Mientras crecí y recibí atenciones y cuidados (tuve esa suerte), me fui haciendo a los límites y alicientes de la experiencia de vivir. Esos años pasan volando y, finalmente, nos vemos con las riendas de nuestra vida y abocados a seguir el ejemplo de quienes nos han rodeado hasta ese momento.

Hemos aguantado la caída de cabeza desde lo alto de la trona en la que nos daban la papilla, y hemos soportado el golpe en la cabeza todavía flexible con un chichón que remitió a las pocas horas. Pero, pasan los años y me doy cuenta de que las caídas son más dolorosas y que no todo vuelve a su ser. El cuerpo y la mente guardan memoria de todos los accidentes y reclaman más atención, hasta que llega una edad donde la herida emocional no cierra como cuando éramos niños. Nos cosen las cicatrices que evidencian más las heridas.

Parece ley de vida, otra dura ley que debo cumplir para presentar un expediente intachable ante el comité examinador, y aspirar incluso a formar parte de él.

Hay personas, frisando varías décadas de vida, que se han tirado desde el quinto piso del bloque donde vivían, con la suerte que su cabeza aterrizo en la blandura relativa de la tierra del jardín que decoraba la calle, y así la cicatriz en el cuero cabelludo, se transformó en una medalla de superviviente que nadie valorará más allá de unas creencias, una sensibilidad o de lo que esa persona le esté aportando en ese momento.

Cicatrices, medallas, que deben esconderse para no causar incomodidad a las personas que han tenido la suerte de caer siempre de pie y que temen que esas ideas trapecistas se les contagien en un momento de debilidad. Nadie quiere más problemas que los suyos propios, es comprensible.

LAS CONDICIONES MATERIALES

Si el problema surgió en el puesto de trabajo, quizá no necesité un psiquiatra sino un sindicalista. Si no tuve casa, quizá hizo falta un programa de alquiler social. Si no llegué a fin de mes, necesité una renta básica universal. Si no pude estudiar por problemas económicos, me hizo falta una beca...Y así hasta cubrir todas las necesidades de la pirámide de Maxlow de abajo arriba. Quizá, lo último que necesité para encauzar una mente a la deriva sea una medicación de por vida, porque puedo seguir tomándola hasta la muerte y tener una vida que no merece ser vivida ¿O aspiro a demasiado?

Es sabido que el sistema capitalista necesita la lucha numerosa por un puesto de trabajo por muy precario que sea, para imponer un salario bajo y así "optimizar" los beneficios empresariales. Es, una vez más, la ley de la oferta y la demanda. Sin embargo, pueden llegar a tensar la cuerda de la lucha darwiniana por la subsistencia, imponen un trabajo tan precario que convierte a los trabajadores en pobres de hecho. Ante esto, solo cabe la unión de los afectados y no una sobredosis de ansiolíticos para que buena parte de la población trabajadora aguante pésimas condiciones laborales.

Estudiar es siempre una buena recomendación, ya sea oficialmente o de manera autodidacta. No obstante, prepararse en algo que al final no se practique y tener que reinventarse, es un reto maravilloso. Cuánto nos cuesta salir de nuestra área de confort.

La etimología de la palabra trabajo remite a una práctica de tortura, intenté apostar por querer vivir de lo que más me gustaba hacer y así escapar de esa maldición. No sé si lo he conseguido, pero aproveché la ocasión para averiguar cuál es el camino que verdaderamente quiero recorrer para tener una tarea y una vida dignas de ser vividas.

¿Y SI EL PROBLEMA ES LA MISMÍSIMA FAMILIA?

En este mundo no existe nada perfecto, ¿pero, qué pasa si el problema surge del núcleo personal que debe aguantar nuestras crisis, enseñarnos a afrontar los inevitables problemas de la vida, y darnos la protección y el cariño necesarios para seguir adelante?

A veces por su falta y a veces, por el exceso de hermanos y hermanas podemos sufrir un exceso o una falta de atención. Esto puede desembocar en personas dependientes o con bajos niveles de tolerancia a la frustración, o con falta de autoestima, o demasiado egoístas o faltas de solidaridad.

Existieron tiempos, no tan lejanos, donde se llevaba la familia proletaria *sensu stricto*: auténticas proles de cinco hasta doce vástagos que, en otras partes del mundo (generalmente empobrecidas), todavía se viven. Sin embargo, una familia más o menos grande no es sinónimo de éxito o de problemas asegurados, ejemplos hay miles de familias numerosas cuyos miembros se quieren y apoyan, o familias monoparentales donde una madre sola cría con éxito a su criatura.

Me refiero a padres o hermanos problemáticos, que infligen violencia física, sexual, afectiva..., a su igual, progenie o a la compañera con la que debiera procurar, al menos, la correcta crianza de los más indefensos. Tener la mala suerte de no poder confiar en tu familia marca de por vida y puede desembocar en una actitud autodestructiva o que reproduzca el maltrato soportado.

No hay soluciones milagrosas para esta situación, ni siquiera la intervención temprana de la administración garantiza salir sin daño de este drama.

Solo quiero expresar mi compasión y mi deseo de que las personas con problemas familiares, tengan la fuerza y la ayuda (incluso en el resto de la familia) para superarlo.

Reitero la idea: no existe nada perfecto, ni siquiera la familia.

¿LA RESI...QUÉ?

Cuando no he sido capaz de recuperarme de un palo emocio-sentimental-afectivo, me han dicho que tengo poca resiliencia, que mi flexibilidad ante los problemas es escasa. Pero, paradójicamente, donde no hay problemas, no hay pruebas de resiliencia, y si tengo muchos problemas quizá sea más resistente de lo que creo.

Si hubo una experiencia que puso a prueba mi aguante, fue ingresar en un psiquiátrico con ínfulas de centro terapéutico, con trabajos manuales que no te pagarán, profesionales con sonrisa postiza que pueden estar más jodidos que tú. Ya, ya sé que estas son palabras injustas y llenas de dolor de una persona desagradecida a los medios que pone esta sociedad para tratar las dolencias mentales. Pero, son producto de la experiencia y de la esperanza de que otras maneras serían posibles, sobre todo si no se sacara al paciente de su medio social, donde, al fin y al cabo, deberá hacer su vida. Hace falta más método Dialogo Abierto.

La incapacidad que tienen estas residencias mentales (también llamados frenopáticos, manicomios a secas o psiquiátricos de diferente especie) para solucionar los problemas es evidente. He comprobado por experiencia que son fábricas de suicidas. Y, sin embargo, en ese ambiente no queda otro remedio que surja el cariño. Parece que pretenden que todos los residentes se curen, unos a otros, las diversas crisis vitales; que sean amables y obedientes en el peor momento de su vida; y que eviten los conflictos humanos que surgirían en cualquier episodio del *show* Gran Hermano. Bastante tenemos con aguantar el encierro, y la férrea disciplina y falta de libertad durante meses, como para lograr curar las heridas mentales que se originaron en la calle, en casa, en el trabajo, en la sociedad que nos da la espalda y nos empuja al desprotegido trabajo para discapacitados, otro gueto para aquel que tuvo la osadía de mostrarse vulnerable en un sistema caníbal.

EL PUTO ENCIERRO

Insisto, no me refiero al de los sanfermines, sino a ese encierro al que se condena a quien muestra tener debilidad, a ese castigo por tener circuitos neuronales frágiles ¿Por qué me sentí como en una fábrica de chorizos o un cuartel con normas estrictas?¿Es que es el sistema más barato que han encontrado?

Cuanto más temprana sea la edad a la que se encierre a una persona, más dañina será la medida. Ya se vio durante la cuarentena de la pandemia de covid-19: encerrar, enferma.

Si sólo se tuviera en cuenta el estigma automático, e inevitable que sufre una persona por el simple hecho de ser encerrada, se renunciaría a esta medida anacrónica y contraproducente. Del estigma que te graba la sociedad en la frente con un hierro candente por haber sido encerrado, se pasará frecuentemente al autoestigma que creará en la mente del paciente para protegerse dando la razón a quienes le oprimen. Aguantar un encierro de semanas, o incluso meses, es un castigo producto de los flacos presupuestos que se dedican a la salud mental en sociedades cada vez más enfermas. Es más barato tener un edificio con cincuenta camas, cincuenta celdas de castigo, cincuenta nichos, donde tener en observación a las personas como si fueran microbios que, quizá interactuando con otros gérmenes fallidos de la sociedad se curen. No se contempla otra medida, a los viejos profesionales de la salud mental no se les ocurre que el encierro, en sí mismo, agrava los síntomas de soledad y desarraigo que arrastre la persona, no tienen imaginación ni intención de cambiar las cosas porque esperan el premio y las palmaditas de los dirigentes políticos que no ven necesario aumentar el "gasto" en salud mental. No, no lo ven como una inversión.

Me cago en el encierro como solución terapéutica, aunque quizá lo haya necesitado en alguna situación extrema para aislarme de una sociedad agresiva. Eso no sería más que un autocastigo.

SER GENEROSO ES SER EGOÍSTA

Quien, alguna vez, se haya mostrado solidario con personas en apuros a las que no conocía; quien atiende a sus padres en los últimos años de sus vidas; quien haya contribuido a la mejora de esta sociedad sabe que cada uno de esos actos altruistas, en realidad son actos egoístas, pues quizá le han reportado más alegría y satisfacción que a las personas a las que iban dirigidos. Incluso, quien haya sido generoso consigo mismo exculpándose de ser diferente, débil, ha sido generoso con toda la sociedad.

Una sociedad egoísta en este sentido de cuidar, se procurará un escudo de prevención que la hará más habitable y sana. Pensar y actuar para el bienestar de las personas que nos rodean es una inversión en un pueblo alegre y bien avenido que tendrá más instantes de felicidad para todos. Es puro egoísmo darse a los demás y no querer premios ni reconocimientos por ello, pues la mejora que logre una persona para todos, es suficiente premio para el benefactor.

Levantarse por la mañana, con el deber cumplido para con los demás seres sintientes, es un derecho que cada persona debe ganarse poniendo pequeños granos de arena para que se complete esa playa de disfrute comunal.

Quizá sea muy ñoño, irrealizable e irreal todo esto, pero hacer el bien tiene muchos más réditos que cualquier inversión millonaria o cualquier premio de lotería.

Hay que ser egoísta, o sea, hay que mirar por los demás y no solo por los seres queridos o la agrupación humana (familia, barrio, pueblo o ciudad, región, nación o imperio, partido político o equipo deportivo) a la que se pertenezca.

Como dijo aquella, haz bien y evita querella.

BUSCANDO OTROS REFERENTES

Por otro lado, todas las personas necesitamos referentes y herramientas para encauzar nuestra vida en un momento de crisis. Así que si tengo la suerte de conocer un psicólogo majo que me entienda no está de más que haga el esfuerzo de continuar con él. Ya sabemos que la sanidad pública adolece de estos profesionales y que la opción privada es demasiado cara; por eso, tener unas buenas amistades que nos escuchen y nos quieran como somos es tan importante como comer todos los días, un milagro ordinario.

Ahora se han puesto de moda el coaching y el mindfulness, si sirven para el objetivo de la buena salud, perfecto. Por buscar lejos, la atención y el control sobre nuestra mente es una aspiración que han perseguido las filosofías y las religiones orientales, así que si encontramos alivio, autocontrol y satisfacción en la práctica de algún arte marcial como el aikido, o si acudo a las enseñanzas del taoísmo, todo será bienvenido.

Las condiciones materiales son la base para tener una vida lo más tranquila posible, pero si se descuidan la mente y el espíritu iremos a la pata coja por este mundo que nos exige superar retos constantes. Nuestra mente está estructurada para creer en algo, la religión puede ser un asidero que de dirección y propósito a nuestra vida. Si renunciamos a ella, desviaremos la necesidad estructural de nuestra mente de creer en algo a objetivos más tangibles y terrenales que como tales pueden ser decepcionantes u ocuparnos la vida con plenitud si tenemos la suerte de encontrar buenos compañeros de viaje.

Mantener la curiosidad en forma, una mente abierta me permitió conocer otras maneras de pensar, crear y creer. Y, a veces, no es necesario irse al otro lado del mundo, la revelación puede darse a la vuelta de la siguiente página del libro que leamos con atención y no por obligación.

TRES MILLONES DE LIKES Y UN MONTÓN DE GÜANO

Siendo nativos digitales, quizá no hemos tenido la suerte de dar vueltas en una era donde se separa el grano de la paja, subidos en un trillo tirado por una mula, o de salir una tarde al campo con los amigos con la idea de recoger unas manzanas o unas setas.

Quizá toda mi felicidad dependa de que un desconocido haya dado *like* a mi publicación en la red social que frecuento.

Pero sí, existió un tiempo sin internet, donde la gente era feliz con otras cosas. Hemos nacido en un mundo donde la aprobación a mi persona la mido por el éxito que tenga ganando seguidores o superando pantallas de videojuegos. No quiero decir que eso sea peor o mejor, simplemente debemos recordar que en el planeta Tierra hay lugares donde todavía no llega internet, personas que no dependen de un *like* masivo ni de ser *trending topic*.

He probado a desconectarme del móvil durante una semana. Descubrí cosas increíbles en mi propio entorno cercano y se me ocurrían otras cosas en las que emplear mi vida. Siempre pude volver a la rutina digital y conectada.

La experiencia de convertir tres millones de *likes* por ganar atención y supuestos amigos, en un montón de estiércol con el que fertilizar mi vida real puede resultar estimulante y placentera. Si recibo silencio digital o *dislikes* no debo derrumbarme. Debo establecer una frontera entre mi mundo virtual y mi mundo real para que no todo dependa del capricho de las redes. Eso sin tener en cuenta a los *trolls* y *haters* que merodean como tiburones.

Y si un día me doy un descanso de internet, con más ganas todavía me dedicaré a la horticultura o la jardinería, a la pintura o la fotografía, a la lectura o la escritura, a visitar un museo o pueblo desconocido, o llamar a una amistad que tenía abandonada...

UNA SOLA MENTE

La soledad es como un cuchillo: me puede servir para partir en rebanadas a mi gusto el pan del tiempo vital, o puedo tener la tentación de clavármelo por no soportarla.

He comprobado que la soledad es muy fiel, más fiel que el mejor de los amigos, así que me conviene hacer buenas migas con ella.

Vivimos en un mundo que, cada vez más, tiende al aislamiento de las personas por evitar conflictos o por haberse construido un microuniverso para no recibir daño o para sentir la mentira de que no necesito a nadie.

Sí, también existe la soledad doliente y resentida, con la queja de que no me llama nadie siendo yo quien me aíslo. Ese aislamiento nos va atrapando en una trampa de la que luego puede resultar difícil salir. Sin embargo, puede existir una soledad para crear y luego compartir con los demás.

Las tecnologías de la comunicación abundan en crear islas con su propia burbuja en la que no sentirse en peligro en una comunidad más o menos reducida. Esa es una de las razones de la polarización de las sociedades que explotan y fomentan quienes dirigen todas las redes sociales porque hacen crecer su uso y sus cuentas de resultados. Para ello alimentan el algoritmo con opiniones tóxicas que provocan rechazo y ganas de contestar con un argumento contrario. Así hasta el infinito.

Al final, tenemos que elegir: crear una mentira de odio compartido o quedarnos solos con nuestra conciencia.

He comprendido que la soledad no es mala si no me aísla y me permite mantener los vínculos con los demás. Al fin y al cabo, escribo esto en soledad, pero tendría poco sentido si no lo lee nadie más que yo.

CONSTRUCCIÓN MENTAL- SOCIAL

La historia de las civilizaciones humanas es efímera, este tiempo que vivimos terminará tarde o temprano tal como lo conocemos. De hecho, la sociedad actual quema etapas tan deprisa que no sabemos dónde vamos a acabar ni si duraremos mucho en un planeta que nos empeñamos en maltratar como si no fuera nuestra única casa en el Universo, como si existiera un planeta B.

Cada sociedad se basa en la construcción mental de la mayoría de sus individuos, hasta llegar a componer una construcción colectiva, con unos contratos de convivencia, en la que tenemos que vivir. O sea, que si queremos una comida diaria y dormir en una cama tenemos que adaptarnos a lo que los socios hayan estipulado como normas de comportamiento normal.

Normas, normal, pero, ¿qué pasa si no nos adaptamos? Si nos cuesta aceptar la manera de vivir de nuestros congéneres nos sentiremos raros y molestos, quizá terminemos por ser violentos en el trato y nos aislemos cada vez más de una sociedad que cada día se muestra más enfermiza e inhabitable. ¿Querrá decir eso que somos unos enfermos?¿Nos encerrarán y nos obligarán a seguir un tratamiento de por vida?¿Nos terminaremos sintiendo alienados, rechazaremos a la familia y las amistades?¿Sentiremos entonces el deseo de quitarnos la vida? Probablemente.

O quizá, encontremos un espacio interior para construir una utopía propia para nosotros o que nos agrade compartir con los descontentos de una sociedad que la conciben más humana y más llena de cuidados para todos los seres sintientes.

Soy libre de construir ese mundo en un cuento, un dibujo, un pequeño corto grabado con el móvil y luego compartirlo sin esperar grandes alabanzas. Puedo disfrutar de una película o un cómic que me hagan soñar o llegar al siguiente día mientras supero una crisis.

UN MARATÓN A PASO DE HORMIGA

Tardaré más, pero llegaré seguro y menos cansado que quien pretenda recorrer más de 42 kilómetros corriendo al *sprint*.

El sistema imperante está basado en la competencia y la prisa. Nos comparamos constantemente con los demás y sentimos tristeza si no alcanzamos las metas que otros han logrado. Ese es el veneno que nos meten desde pequeños: quedar primeros aunque sea a costa de machacar al de al lado. Nos han dicho que el mundo avanza con la competencia y la lucha de unos contra otros, pero es una gran mentira; desde que los hombres, ya en la prehistoria, viven juntos y colaboran en construir un mundo mejor, se han conseguido las mayores metas. Es la colaboración y no la competencia la que mueve el mundo.

¿Te imaginas un equipo de fútbol donde los jugadores no se coordinaran para llegar a meter gol? Aunque sea solo para ganar, estamos obligados a colaborar.

Me daré tiempo y tendré paciencia conmigo mismo, que nadie me meta prisa, cogeré mi ritmo y completaré etapas sin querer acabar el primero. Quizá así consiga mi objetivo más tarde que nunca.

Tocando el piano si va *lontano*...

HACER OTRA COSA DE LA CABEZA

¿Qué hacer con una reputación de mala persona basada en perder la cabeza en sucesivas crisis? ¿Cómo superar la desconfianza ajena y propia? ¿Por qué me he convertido en un especialista en crearme enemigos?

Siento el odio furibundo, la alienación que me lleva traicionar mis propios principios de convivencia y paz. Me falto el respeto a mí mismo motivado por un egótico sentimiento de fracaso. Confundo mi falta de autoestima y la transformo en la loca aspiración a una gran estima popular. Cultivo para ello sentimientos narcisistas.

Personajes como Rubiales y Trump, y tantos otros, han sufrido o sufren de una gran paranoia a perder el cariño ajeno que vampirizan, por eso han desarrollado o han encontrado en sus personalidades el mecanismo mental para convertir ese gran miedo en sadismo y narcisismo tóxico; exhiben esa actitud de ser víctimas de confabulaciones con un convencimiento delirante pero, paradójicamente, auténtico. Y conocen los miedos de las sociedades que pretenden gobernar, por eso tienen éxito capitalizando el descontento.

Volviendo a mi persona, ni siquiera el talento artístico me salvó de ser un maldito fracaso también en ese terreno, y por ello cultive el victimismo más estéril. Solo los pajarillos que acuden al pan que desmenuzo en el alfeizar de la ventana me calman.

Por todo eso, busco hacer otra cosa de mi cabeza de machito cojuelo, impulsado por esta sociedad a seguir una serie de guiones vitales que se supone serán lo mejor para sobrevivir en esta selva donde los primeros obligan a los penúltimos a luchar contra los últimos.

Me apunto a luchar con rebeldía contra mi mismo. Me arriesgaré a convertirme en otro.

EL SUICIDIO COMO UNA DE LAS BELLAS ARTES

¡Atención! aviso de contenido inadecuado para personas con tendencias suicidas:

¡¡Basta ya de romantizar el suicidio!!

Cuánto mal hicieron los románticos elevando a los altares a quien se quitaba la vida, como si sacrificarla fuera el mayor acto de valentía. ¿Qué decir de quienes se entregan a la corriente de las estadísticas crecientes de suicidas? Para algunos será una revelación, la mejor solución para terminar con los problemas, pero quizá no sea más que el estudiadísimo efecto papágeno, ese que describe el efecto contagio entre quienes tenemos tendencia a quitarnos de en medio.

Por lo menos está de moda, nos decimos. Seré comprendido por todos los de mi generación que hayan sentido la tentación de quitarse la vida. ¡Que derroche del tesoro de la amistad! ¿Eso me consolará cuando ya no tenga la posibilidad de sentir consuelo? Mi cuerpo y mi mente destrozados solo porque tengo la facultad de concebir y ejecutar mi propia muerte. ¡Qué pérdida de tiempo y vida! No quiero minusvalorar el sufrimiento que yo mismo he sentido, pero el suicidio no es más que la venganza del débil en una sociedad deshumanizada. No es más que la asunción de la mala fama y de ser calificado como buscalíos. ¿Para qué, para tener más notoriedad aunque sea póstuma? ¿De dónde viene todo ese nihilismo?

No somos capaces de cerrar la herida abierta del orgullo por donde se desangra la gana de no vivir sometido. El daño, el dolor que hemos sufrido, pretendemos cobrárnoslo con el terrible dolor que causaremos a nuestros seres queridos. Ni siquiera nos paramos a pensar en cuánta felicidad causará nuestra desgracia entre nuestros enemigos, ¿o albergamos la idea contra natura de darles una alegría? Me robarán los cuadros y las palabras, y les dejaré el regocijo de una desgracia de las que ellos se sienten a salvo: ilusos.

LA PANTALLA AZUL DE LA MUERTE

¿Qué sabemos de la muerte?¿Cuál es su significado, su por qué en esta vida finita?¿Acaba todo tras dejar de respirar?¿Nos consolamos en que después vendrá la vida eterna gozosa por nuestro sufrimiento, el infierno como castigo merecido a nuestra debilidad? Lo único seguro es que, aparte de algún caso que lo asegura, nadie ha vuelto de la muerte para decirnos en qué consiste. Así que tenemos un campo fértil para la imaginación, las conjeturas científicas y las religiones que han sido tantas como pueblos han existido y todas basadas en ese gran miedo y misterio de la muerte.

Analicemos la cuestión desde dos palabras que se parecen mucho: La consciencia, nos hace sabedores de que nuestra vida va a acabar algún día, esto puede provocar una gran angustia o un gran alivio según nos haya ido en la feria y nos impelerá a tomar decisiones al respecto, como ejecutivos agresivos que buscan resultados.

La conciencia, se apaga como un ordenador malo e inestable que hace aparecer el azul fosforito de *la pantalla de la muerte* con un mensaje fatídico e ininteligible. Es el final ¿o es posible reparar la avería con una pastillita diaria? Mejor buscar un amigo técnico. Sea yo extravertido como si soy introvertido. Viva yo arrastrándome en el fango del fracaso vital, como si siento la gloria del éxito (quizá en el mismo puto día), el tiempo transcurre inexorable y las células de mi cuerpo se desgastan llevándome a la decrepitud y el sufrimiento sin esperanza ¿no tengo llegado a este punto "derecho" a dejar la vida antes de que la parca venga a buscarme? Amiga, amigo, para eso se ha inventado y aprobado, por ley, la eutanasia.

Así que menos drama y al lío: le tenemos miedo a la muerte, y en un intento de controlar lo incontrolable, decidimos tomar la delantera a la muerte natural y como si decidir por propia voluntad nos librara de toda la incertidumbre, nos suicidamos. Vano intento.

TERESA ME VOLVIÓ A PARIR

Como si, efectivamente, hubiera nacido el mismo día que mi madre, se revolvió como una loba que protege a su cachorro y puso en marcha todo el protocolo de salvamento. Me sacó de las fauces de la muerte, me reanimaron y aquí estoy escribiendo esto.

La muerte de mi hermana por suicidio es la experiencia más dura que he vivido, todavía me culpo por ello. Pero, viendo el dolor que ese acto causó en mi familia y los amigos; sufriendo yo mismo ese dolor y esa culpa...es inadmisible de todo punto fraguar, como fragüe, mi propio suicidio. Por esto, he de reconocerme como mala persona, no me escudo en la enfermedad.

Adivino como me verán mis convecinos desde las ventanas: las mujerinas pingüino y los vigilantes del cruce, una vez fracasado mi intento de irme de este mundo por la puerta de emergencia: "ese cobarde ni siquiera vale para limpiarse el forro". Al final, puede ser verdad que la locura es contagiosa, porque muchos se han hecho los locos al cruzarse conmigo.

Aun así, siento un gran agradecimiento por esta segunda (o tercera) oportunidad de existir, de intentar desarrollar mi arte, de asistir como algo más que un espectador al interminable drama humano.

Presente en el que me centro haciendo colección de achaques: el último es que me despierto con cierto mareo del sueño, como si la montaña rusa que ha sido mi vida en vigilia se concentrara en mi mundo onírico, el cual, por cierto, algunas veces disfruto en cinemascope.

Lamento la sonrisa eterna que ya no podré dejar como recuerdo entre mis semejantes. Pero ya no tengo humor.

Querida Teresa, te aseguro que el amor que me despierta tu persona no tiene precio y me lo llevaré conmigo sea donde sea.

EL CLUB DE LOS 27 MALDITOS

Está de moda, desde la segunda mitad del siglo XX, añadir nombres al llamado club de los 27, jóvenes creadores artistas famosos que deciden poner fin a su vida en cuanto cumplen esa temprana edad. Esa edad donde termina la adolescencia juvenil y se va entrando en la madurez. Parece un miedo atroz a hacerse adulto que se resuelve "pasando a la historia" dejándola tirada en la cuneta en el comienzo de la lucha, en lo más interesante de la vida. Por lo tanto, para el genio del marketing de productos culturales que creó este concepto de mierda, eso ,mucha mucha caca en su cabeza. Me cago en el club de los 27. Y les digo a las personas jóvenes que tengan la tentación de añadir su nombre a este nefasto club, incluso siendo totalmente desconocidos, y sólo llevamos por la angustia vital de tener una vida por delante que sólo promete sufrimiento, enfermedad mental, ansiedad, angustia. Les digo: darle un corte de mangas a esa creación capitalista y nefasta que se llama el club de los 27. Y luchar por llegar a los 120. Que se jodan los productores musicales que quisieron hacerse millonarios s costa de empujar a sus artistas al suicidio para cobrar buenos royalties. Son el diablo y merecen un infierno todos los que escribieron para promocionar y romantizar ese puto club. Ánimo chavales, no dejéis un cadáver joven, sino uno viejo, hermoso y trabajado, gastado por la lucha, una cabeza rota pero que funciona. Unas ganas de vivir que nadie nos tiene que quitar.

AMA COMO TÚ SABES AMAR Y...

...todo lo demás te vendrá dado (promesa de la dictadura ultrapositiva de Mr. Wonderful).

Quizá mi manera de relacionarme sea inadecuada, quizá no sé amar como estipulan las normas. Mi personalidad no se ha adaptado a esta sociedad caníbal o soy uno de ellos sin darme cuenta. Quizá, mi alegría de vivir estaba basada en cimientos de barro.

Pero, no tengo otro remedio que desarrollar mi propia manera de amar. Y para hacerla crecer atenderé a referentes del buen amor.

Me obligaré a crear, en los circuitos neuronales de mi cerebro malherido, anchas autopistas del amor incondicional.

Tejeré el más delicado y resistente tejido de las emociones que confeccione una buena memoria postrera, al menos para mí.

Amaré de la única manera en que sé hacerlo ¿qué remedio me queda?¿O puedo incorporar a mi facultad de amar complementos inspirados en otras personas (reales o de ficción) que pueden convertirse en fundamentales?

Comprenderé e intentaré ayudar a quienes hayan estado en situaciones límite parecidas a la mía. Y así me acercaré placida o tumultuosamente ¿quién sabe? al final de mis días sobre el planeta Tierra.

Como penúltimo acto de amor, estoy dedicando mi escaso talento como "pintamonas" a realizar retratos de los amenazados y enternecedores orangutanes, que son los guardianes de la selva, la última frontera para mantener la habitabilidad de Nuestra Única Casa en el Universo.

Soy, además, un abrazárboles.

ALGO AMOROSO Y SUPERIOR

La idea y experiencia de Dios está denostada en los comienzos del siglo XXI. Pero el cerebro humano está diseñado en su evolución sapiens sapiens para Creer y Crear. Por lo tanto, cuando se desocupa ese vacío que deja lo espiritual y Dios, nos encontramos con mil opciones desde el hiperconsumo a las luchas sociales pasando por las mascotas o la pseudociencia. No creas que es difícil caer en una secta, de hecho hay muchos partidos políticos e instituciones religiosas que funcionan sectariamente y entonces se convierten en el mayor enemigo para la convivencia. No hablo de eso. Hablo de la idea de un ente superior, amoroso, clemente y poderoso que creo el Universo y por lo tanto a nosotros. Ese Dios, o como quieras llamarlo, es un consuelo tan grande en momentos de crisis que su sola invocación nos ayuda a salir de los abismos más profundos. Te recomiendo, y creo que es de lad pocas recomendaciones que tiene este librillo, que crees y creas en ese amigo incondicional que no necesita iglesia. Gracias por escuchar este mensaje de fe, inventa tus oraciones, investiga en la astronomia escatológica y haz un sitio en tu vida a lo espiritual. Un saludo enorme.

¿UN FINAL UTÓPICO?

Intuyo que has llegado hasta este punto de lectura con cierto desconcierto y quizá hartazgo. Siento haberme atrevido a escribir este breve compendio de digresiones que quizá solo me sirva a mí como vomito reparador de una indigestión de lo que es la vida y ya. Pero, aun así, confío en que vuestra inteligencia, sensibilidad y benevolencia sepa extraer algo constructivo de él.

Los conceptos ideales para conducirnos en la vida son abundantes:

Verdad. Sencillez. Belleza. Valentía. Sensibilidad. Humildad. Solidaridad. Además de las virtudes teologales (por supuesto, cree en lo que quieras): Fe. Esperanza. Caridad. También están las virtudes cardinales: Templanza. Prudencia. Fortaleza. Justicia.

¿Tenemos derecho a enfadarnos y mostrarnos agresivos con las injusticias? Por supuesto, pero sin dañar a nadie por ello.

Pero, ¿qué pasa cuando todo falla y solo vemos obsesivamente la casilla de salida final del juego?

Ahí está la Naturaleza, paciente y generosa esperando que la apreciemos: puede ser solo una mala hierba que se empeña en crecer entre los adoquines de la acera gris, desafiando al mal humo que expulsan nuestros tubos de escape, esos que provocan una crisis mundial que todos vemos caer sobre nosotros, pero que preferimos ignorar para no renunciar a nuestras comodidades y vicios. A(p)riscados en nuestros pequeños rituales y nuestros grandes ideales. La fútil esperanza de que me toque la lotería sin trabajar ¿esa es mi utopía? Mejor me apunto al movimiento de las mujeres.

Perdona por haberte hecho perder el tiempo en la lectura de mis locas ideas. Gracias por acompañarme en este viaje de expiación. Gracias, en fin, por tu paciencia y hasta otra.

Y un poema...

EL GATO VIOLETA

Era el más retraído de la camada
Se amamantó poco y era nimio
Entre los cachorros, el más débil
Cuando jugaba era sojuzgado
Su madre no le prestaba atención
En la escuela de la vida suspendió
y por su color recibió rechazo
Nunca supo de su maldición
Sus huesos se veían bajo la piel
La tiña se comía sus bigotes,
pero algo le impulsaba a seguir
Incluso pasando las vías del tren
no pensaba más que en sardinas
Una vez encontró una amiga,
la esperaba en la ribera del río
Sus tíos no querían gato en casa
Y cuando no venía, maullaba
Pasaron inviernos de crudo frio
y el gato violeta murió de pena
Pero nunca sintió gana de morir

EPÍLOGO

Podrás leer en este librillo una experiencia personal e intransferible, pero en la que puedes encontrar puntos en común y claves nuevas para sobrellevar, evitar y superar las ideaciones suicidas tan comunes en tiempos de postureo y bullying de todo tipo.

Si te peguntas de qué voy te diré que he resuelto mi sudoku personal resolviendo lo que aparentemente son contradicciones insuperables.

Sí, soy un cristiano sin iglesia (aunque sigo los ritos católicos). Y, al mismo tiempo, un anarco-pacifista-ecologista-socialista-matrilineal.

Pero estás etiquetas son lo de menos ante la depresión que traiga ganas de quitarse la vida.

Ante las tendencias suicidas reinantes en este principio de siglo XXI, pleno de cambios estructurales, crisis sistémicas y guerras. Solo cabe buscar la compañía y el apoyo del prójimo. Y así escapar a la soledad impuesta de las redes sociales, cuyo contenido comercializan al mejor postor los gurús multimillonarios que emplean la Inteligencia Artificial para lograr ser endiosados por quienes trabajamos gratuitamente para ellos, porque nosotros somos el producto con el que se lucran.

Por otra parte, dicen que sobramos gente. Y es así si pretendemos vivir como un estadounidense medio. Pero, si no volamos de vacaciones todos los años a la otra punta del palneta, si no cambiamos de vestuario todos los años dos veces. Y si, finalmente, separamos nuestros residuos para que no terminen en el mar o en nuestro cuerpo convertido en vertedero de malos humos. Quizá, podamos vivir 20.000 millones de humanos en este precioso planeta que Dios nos ha alquilado para que lo pasemos mejorado a las próximas generaciones.

DISCURSO DE VIKTOR FRANKL

Ante sus compañeros prisioneros en el campo de exterminio nazi

«Un hombre consciente de su responsabilidad ante otro ser humano jamás tirará su vida por la borda; si conoces el porqué de tu existencia serás capaz de soportar cualquier cómo.

Es evidente que tenemos pocas posibilidades de vivir, pero ningún poder de la tierra podrá arrancarnos lo que ya hemos vivido.

Les ruego que encaremos con gallardía la gravedad de nuestra situación.

No podemos refugiarnos en el pasado para apaciguar los horrores del presente, piénsenlo, estamos ante un desafío, ¡el desafío de sobrevivir! Podemos hacer una de estas dos cosas: convertir esta experiencia en una victoria o limitarnos a vegetar dejando de ser personas, incluso aquí debemos subsistir al cobijo de la esperanza en el futuro.

No importa que no esperemos nada de la vida. Lo que verdaderamente importa es lo que la vida espera de nosotros.

No hay que avergonzarnos de nuestras lagrimas, porque demuestra nuestro valor para encararnos con el sufrimiento. Olvídense del placer. Olvídense de la venganza. Olvídense de la cobardía. Lo único que debemos tener presente es nuestra voluntad de sobrevivir.

La voluntad es una cuestión de hecho, no una cuestión de fe. Porque nosotros no inventamos el sentido de nuestras vidas, sino que lo descubrimos.

A cada uno de nosotros nos está reservado un cometido que cumplir y todos respondemos con nuestra propia vida ante esa obligación».